GTB
Gütersloher Taschenbücher
1314

Heute ist ein schöner Tag!

Kindergebete

Herausgegeben von Lydia Laucht

Gütersloher Verlagshaus

Originalausgabe

Die Deutsche Bibliothek – CIP-Einheitsaufnahme

Heute ist ein schöner Tag! : Kindergebete / hrsg. von Lydia Laucht. –
Orig.-Ausg. – Gütersloh : Gütersloher Verl.-Haus, 1996
   (Gütersloher Taschenbücher ; 1314)
   ISBN 3-579-01314-9
NE: GT

ISBN 3-579-01314-9
© Gütersloher Verlagshaus, Gütersloh 1996

Umschlaggestaltung: Dieter Rehder, Aachen,
unter Verwendung eines Fotos von Oliver Kohler, Mainz
Gezeichnete Vignetten von Beate Nottbrock
Satz: Weserdruckerei Rolf Oesselmann GmbH, Stolzenau
Druck und Bindung: Clausen & Bosse, Leck
Gedruckt auf chlorfrei gebleichtem Werkdruckpapier
Printed in Germany

Für Marina Tießen und ihre Familie

Inhaltsverzeichnis

Vorwort

Beten mit Kindern – wie geht das?

»Als mein Gebet immer andächtiger wurde, da hatte ich immer weniger und weniger zu sagen. Zuletzt wurde ich ganz still. So ist es: Beten heißt nicht sich selbst reden hören, beten heißt still sein und warten, bis der Betende Gott hört.«
(Dag Hammarskjöld)

Liebe Erwachsene!

Worauf sollten wir achten, wenn wir mit Kindern beten? Am wichtigsten ist unsere eigene innere Offenheit dafür. Es gibt aber auch erprobte Hinweise und Gestaltungsformen, die uns und den Kindern das Beten erleichtern und lebendig machen können. Dazu gehören zum Beispiel die folgenden 5 Schritte:

1. Räume der Stille eröffnen

Kinder sehnen sich nach Stille. In der Stille spüren sie die Nähe Gottes. Darum ist es gut, zum Beten äußere und innere Räume zu eröffnen.

a) Bestimmte Zeiten und Orte sind wichtig, z.B.:
– Immer am Abend vor dem Schlafengehen mit demselben Ritual: Mutter oder Vater sitzt am Bett, faltet die

Hände, legt die Hände des Kindes in ihre/seine Hände, sie sprechen ein vorformuliertes oder ein freies Gebet. Die Mutter oder der Vater segnet das Kind z.B. mit den Worten: »Gott befohlen, bis morgen!«

— Immer vor dem Essen: Alle sprechen ein Tischgebet gemeinsam laut oder einer betet frei oder alle singen einen Tischkanon.

— Jeden Sonntagmorgen beim gemeinsamen Frühstück: Was war schön in der letzten Woche? Wir sagen Gott danke. Was macht uns Sorgen in der Familie, der Schule, der Welt? Wir bitten Gott um Hilfe.

b) Was bedeuten bestimmte Gebetshaltungen?

— Sitzen, die Hände falten, die Augen schließen:
Ich bin ruhig und gesammelt. Ich höre auf Gott. Ich spreche mit Gott.

— Stehen, die Hände öffnen:
Ich stehe mit beiden Beinen auf der Erde. Meine Hände zeigen: Ich bin offen für Gottes Liebe.

— Die Hände öffnen und erheben:
Meine Hände strecken sich zu Gott. Ich bin verbunden mit Himmel und Erde. Ich lobe Gott.

— Stehen, die Hände über der Brust kreuzen:
Es ist, als ob ich einen Schatz in mir beschütze. Es ist die Liebe Gottes, der Frieden. Ich danke Gott.

— Knien, die Hände wie eine Schale formen und vor dem Bauch halten:
Ich bin nur ein kleiner Mensch in der großen Welt. Aber ich weiß, daß Gott mich hört, wenn ich ihn bitte.

— Sich an den Händen fassen:
Ich bin nicht allein. Wir gehören zusammen. Unser gemeinsames Gebet hat eine große Kraft.

– Bei kleinen Kindern auf dem Schoß der Mutter/des Vaters sitzen und mit ihr/ihm atmen:
 Gott ist da. Das spüre ich in den Armen der Eltern.

Und manchmal hilft zum Stillwerden das Hören auf einen Ton (Triangel, Klangschale).

2. Gott Namen geben

Unsere Aufgabe als Erwachsene ist es, den Namen Gottes auszusprechen, die Erfahrung des Vertrauens und Geborgenseins als Gottesgeschenk zu deuten. Wenn wir uns freuen, sagen wir: »Das hat Gott gemacht. Danke, Gott!« Wenn wir traurig sind, sagen wir: »Gott, ich muß weinen. Bleib bei mir, Gott!«
Daß Gott für uns da ist, drücken die Namen Gottes aus, die in der Bibel stehen. Sie sagen, wer Gott für uns ist:

Gott – du Sonne meines Lebens	(Psalm 84,12)
Gott – du Vater im Himmel	(Matthäus 6,9)
Gott – du Mutter, die mich tröstet	(Jesaja 66,13)
Gott – du Hirte, der mich behütet	(Psalm 23,1)
Gott – du Licht, das mir leuchtet	(Psalm 119,105)
Gott – du Quelle des Lebens	(Jeremia 2,13)

3. Mit Gott sprechen

Gott ist DA. Ich spüre Gott in mir. In meinen Gedanken
ist Gott einfach gegenwärtig. Manchmal spreche ich mit
Gott, ohne es zu merken: »Gott sei Dank« oder »Ach Gott!«
Dann ist Gott nah wie ein Freund. Dann will ich Gott
einfach etwas erzählen, was heute passiert ist.
Oder Gott etwas fragen, oder Gott danken oder ihn um
etwas bitten.
Aber Gott ist auch fern und unfaßbar und nicht zu verstehen. Auch das können wir Gott sagen: »Ich verstehe dich
nicht, wo bist du, Gott? Bist du weggegangen? Hast du
mich verlassen?« Die Größe und Ferne Gottes, die Heilig-
keit Gottes erfahren wir im Rauschen des Meeres, in der
Kraft der Elemente, des Wassers, der Sonne, des Windes,
die heilen, aber auch zerstören können.

4. Geschichten vom Beten erzählen

Geschichten, in denen Menschen mit Gott sprechen, er-
mutigen zum eigenen Beten. In der Bibel finden sich viele
solcher Geschichten. Hier nur zwei Beispiele:
Eine Mutter betet für ihre Tochter. Sie wirft sich auf die
Erde vor Jesus und ruft: »Jesus, erbarme dich, hilf meinem
Kind. Es ist krank. Ich weiß keinen Ausweg.«
(Matthäus 15,21f.)
Jona ist vor Gottes Auftrag geflohen. Ein Fisch hat ihn auf-
gefangen. Nun sitzt er im Bauch des Fisches und betet.
Nach drei Tagen spuckt der Fisch ihn aus. Jona folgt dem
Ruf Gottes.
(Das Buch Jona)

5. Leben aus dem Gebet heraus

Wenn ich bete, sehe ich mich und die anderen mit den barmherzigen Augen Gottes.

Das stille Gebet, das Schweigen vor Gott, verändert mich selbst.

Ich sehe mich mit Gottes Augen. Ich sehe meine Stärken und Schwächen. Ich bin dankbar und bitte um Vergebung. Wenn ich für einen anderen Menschen bete, will ich Gutes, Heil und Segen für ihn. Und dazu werde ich – so viel ich kann – selbst beitragen:

Wenn ich für den kranken Opa bete, besuche ich ihn auch. Wenn ich für die Klassenkameradin bete, daß sie mich nicht ärgert, versuche ich auch, mit ihr zu reden.

Aus der Stille heraus Gott hören und mit wenigen Worten antworten, das ist Beten.

Aus der Stille heraus Gott hören und mit Tönen oder Gebärden, mit Liedern und Bewegungen antworten, das ist Beten.

Das schenkt dem ganzen Leben ein helles Licht, das Licht des Gottvertrauens, das Kleine wie Große stärkt und tröstet. Gottes Segen begleite Sie und Ihre Kinder!

Lydia Laucht

Im Jahreskreis

Neues Jahr

Ein neues Jahr nimmt seinen Lauf.
Die junge Sonne steigt herauf.
Bald schmilzt der Schnee, bald taut das Eis.
Bald schwillt die Knospe schon am Reis.
Bald werden die Wiesen voll Blumen sein,
die Äcker voll Korn, die Hügel voll Wein.
Und Gott, der ewig mit uns war,
behüt' uns auch im neuen Jahr.
Wenn wir auch nicht bis morgen schaun,
wir wollen hoffen und vertraun.

traditionell

Gott, unser Vater,
wir danken dir für Jesus.
Mit ihm können wir glauben und
hoffen,
daß du für uns da bist
im alten und im neuen Jahr,
in Zeit und Ewigkeit.

Ostern

Herr Jesus Christus,
du weißt, wie schwer
das Leiden und Sterben ist.
In deiner Todesnot
bist du ganz allein gewesen.
Hilf uns,
daß wir in der Not
nie allein sein müssen.
Wir bitten dich für die Menschen,
die Angst haben,
für die Menschen,
denen andere Böses tun wollen,
für die Traurigen
und für die Sterbenden.
Zeige ihnen allen,
daß du da bist
und ihnen helfen willst.

Guter Gott,
wir freuen uns,
daß heute Ostern ist.
Jesus ist nicht mehr tot.
Er lebt und ist bei uns.
Dafür danken wir dir,
und darüber freuen wir uns.

Warum das Kreuz?

Warum ist Jesus am Kreuz gestorben?
Er hat doch nichts getan,
er war doch ein Freund
für die Kranken und hat von dir,
Gott, erzählt.
Gut, daß du ihn wieder auferweckt hast, Gott.

Jesus Christus,
du lebst.
Du bist stärker als der Tod.
Gehe mit uns.
Schenke uns Glauben.

Die ganze Welt, Herr Jesus Christ,
zur Osterzeit jetzt fröhlich ist.

Jetzt grünet, was nur grünen kann,
die Bäum' zu blühen fangen an.

So singen jetzt die Vögel all.
Jetzt singt und klingt die Nachtigall.

Der Sonnenschein jetzt kommt herein
und gibt der Welt ein' neuen Schein.

Die ganze Welt, Herr Jesus Christ,
zur Osterzeit jetzt fröhlich ist.

Friedrich von Spee

Danke für den Frühling

Die Katze räkelt sich in der Sonne
Oma und Opa sitzen auf der Bank,
und wir spielen endlich im Park
Danke für den Frühling, Gott.

Pfingsten

Lieber Gott im Himmel,
schick uns deinen heiligen Geist,
der uns hilft zu beten,
der uns hilft zu glauben,
zu teilen und freundlich zu sein.

Marianne Hammer

O Heiliger Geist, kehr bei uns ein
und laß uns deine Wohnung sein,
wir wolln dich herzlich ehren.
Gib uns den Mut zu rufen dich,
daß du uns beistehst kräftiglich
die andern Menschen lieben.
Gib uns den Frieden und die Freud,
zu trösten bei der Traurigkeit,
die viele Kinder spüren.
Schenk uns den Mut, das gute Wort,
bereit uns vor an diesem Ort,
zu Jesus hinzuführen:
der hilft, der bringt auf rechte Weg,
begleitet unsre Schritte.

Marianne Hammer

Sonnengesang

Gelobet sei Gott, mein Herr,
mit all seinen Geschöpfen,
vornehmlich
mit der hohen Herrin,
unserer Schwester Sonne!
Sie ruft den Tag herauf, schenkt uns Licht.
Und wie schön ist sie
und strahlt
in gewaltigem Glanze!
Von dir, o Höchster,
ist sie das Abbild!

Franz von Assisi

Sommer

Ich danke dir,
Gott, unser Vater,

    für die Bäume und Sträucher,
    die du geschaffen hast,
    damit wir leben,

    für die Luft zum Atmen
    und die Sonne, die uns wärmt
    und alles Leben erhält,

    für die Menschen,
    die meine Freundinnen und Freunde sind
    und mich trösten.

Gott, ich danke dir.

Gott, ich bitte dich:

    für die Bäume,
    daß wir Menschen sie nicht
    durch Abgase vernichten.

    für uns, deine Menschen,
    daß wir wie blühende Bäume sind
    in deinem Garten.

    für die Traurigen und Mutlosen,
    daß sie Menschen haben,
    die für sie da sind,

    für deine ganze Schöpfung,
    daß dein Versprechen wahr bleibt:
    Es sollen nicht aufhören

Saat und Ernte,
Frost und Hitze,
Sommer und Winter,
Tag und Nacht.

Gott, ich bitte dich: Sei uns barmherzig.

Ferien

Endlich Ferien!
Mein Gott, weiß du,
was das für mich bedeutet?
Viele Wochen schulfrei,
keine Hausaufgaben!
Nun kann ich trödeln und träumen
und mir vieles Neue ausdenken.
Mutti und Vati haben auch Urlaub.
Nun haben sie viel mehr Zeit für mich.
Ich bin gespannt,
was wir alles unternehmen.
Ich freue mich einfach,
und du, Gott, bist mit dabei.

Hermine König

Schulanfang

Gebet der Kinder

Heute ist unser erster Schultag, lieber Gott.
Aufgeregt sind wir und auch ein bißchen ängstlich.
Wir fragen uns: Wie wird das werden?
Werde ich neue Freunde finden?
Wie wird die Lehrerin oder der Lehrer sein?

Gebet der Eltern

Gott, heute gehen unsere Kinder
einen großen Schritt in die Selbständigkeit.
Werden sie das schaffen?
Können wir sie liebevoll begleiten
und trotzdem loslassen?

Gebet der Lehrerinnen und Lehrer

Gott, heute kommen die Kleinen, die Neuen
in meine Klasse.
Wie werden sie sein?
Wird das gemeinsame Lernen gelingen?
Werde ich ihnen ein/e gute/r Lehrer/in sein?

Gott, mit allen diesen Fragen kommen wir zu Dir.
Dir vertrauen wir uns an.
Bei Dir fühlen wir uns geborgen,
denn wir glauben, was Du gesagt hast.
Du bist bei uns in allem, was wir beginnen.
Darüber sind wir froh, wir danken Dir, Gott.

Kathrin Jahns

Erntedankfest

Gott, wir danken dir,
für das Korn, die Sonne, den Regen
und das Brot.

Wir danken dir
für die Weinberge, den Wind
und das Wasser.

Wir danken dir
für Jesus, deinen Sohn,
unseren Bruder und Freund.

Herbst

Guter Gott,
ich möchte dir danken für den schönen Herbst:
für die herrlichen Wolken,
die Traumbilder an den Himmel malen;
für den kräftigen Herbstwind,
den ich nicht sehen, aber spüren kann,
der die Drachen steigen läßt;
für die vielen Früchte an Sträuchern und Bäumen,
die uns Menschen und die Tiere satt machen.
Soviel Gutes und Schönes bringt uns der Herbst.
Ich will dir ein frohes Danke sagen.

Hermine König

Adventszeit

Endlich ist sie da,
die Adventszeit.
Wir zünden die Kerzen
am Adventskranz an
und singen Adventslieder.
Wir öffnen jeden Tag
ein Fenster am Adventskalender.
Wir freuen uns alle
auf Weihnachten.
Bald feiern wir
das Geburtsfest von Jesus.
Er kam als kleines Kind
in einem armseligen Stall zu uns.
Jetzt im Advent
wollen wir auch an die Armen denken,
die unsere Hilfe brauchen.
Jesus ist unser Retter,
unser Heiland.
Amen.

Albert Bichler

Winter

Draußen vor dem Fenster
ist es dunkel geworden.
Der Schnee fällt in großen Flocken
auf die Erde.
Er deckt die Pflanzen zu
und treibt die Tiere
in ihre Verstecke.
Heute nacht wird es kalt.
Vater im Himmel,
wir bitten dich für alle,
die jetzt noch unterwegs sind:
Beschütze sie
und sende ihnen
freundliche Menschen,
wenn sie Hilfe brauchen.

Erich Jooß

Schnee

Gott,
daß du auch noch
den Schnee gemacht hast,
finde ich toll.
Mein Schlitten fährt gut,
und morgen fahre
ich von ganz oben.

Weihnachten

Wir feiern heute deinen Geburtstag.
Wir sitzen um den festlich und reich gedeckten Tisch.
Wir freuen uns auf das Weihnachtsessen.
Es macht besonderen Spaß, heute miteinander zu essen.
Wir haben Grund zu danken.
Aber wir können nicht essen, ohne an die zu denken,
die heute kein Weihnachtsessen haben.
Laß uns in unserer Weihnachtsfreude teilen können,
damit auch anderswo Weihnachten wird.

Hermine König

Der Stern

Danke, Gott, für deinen Stern.
Er leuchtet so hell und schön.

Danke, Gott, für deinen Stern.
Er zeigt den Weisen den Weg.

Danke, Gott, für deinen Stern.
Er leuchtet auch uns auf unserem Weg.

Dietrich Steinwede

Im Tageslauf

Morgengebete

Guten Morgen, lieber Gott,
gib uns heute unser Brot.
Laß uns lachen und nicht weinen,
laß uns deine Sonne scheinen
bis in unser Herz hinein,
laß uns immer bei dir sein.

Carolin, 8 Jahre

Lieber Gott,
sei heute bei mir
und auch bei den Tieren.
Die Sonne laß scheinen,
hilf Kindern, die weinen.
Ich war gestern voller Haß,
bitte vergib mir das.

Ute, 8 Jahre

Ich bin erwacht
nach dunkler Nacht.
Du warst bei mir,
hab Dank dafür.

traditionell

Füll meinen Tag
mit deinem Licht
und gib mir Kraft
und Zuversicht.

traditionell

Morgensegen

Ich danke dir, Gott, mein himmlischer Vater,
durch Jesus Christus, deinen lieben Sohn,
daß du mich diese Nacht
vor allem Schaden und Gefahr behütet hast;
und bitte dich, du wollest mich diesen Tag
auch behüten vor Sünden und allem Übel,
daß dir all mein Tun und Leben gefalle.
Denn ich befehle mich, meinen Leib und Seele
und alles in deine Hände.
Dein heiliger Engel sei mit mir,
daß der böse Feind keine Macht an mir finde.

Martin Luther

Tischgebete

Miteinander essen, das kann schön sein,
froh zu Tische sitzen lieben wir.
Gaben laßt uns teilen und auch noch verweilen,
schön, daß wir zusammen sind,
schön, daß wir zusammen sind.

♪ = klatschen

Text und Musik: Wolfgang Longardt
© ABAKUS Schallplatten] Ulmtal Musikverlag,
35753 Greifenstein

Lieber Gott, wir danken dir
für den Wein und für das Bier
und auch für den Apfelsaft,
der gibt uns neue Lebenskraft.

Alle guten Gaben,
alles, was wir haben,
kommt, o Gott, von dir.
Dank sei dir dafür.

Der selbst den Spatzen gibt zu essen,
hat seine Menschen nicht vergessen.
Er gibt das rechte Lebensbrot
und macht uns frei von aller Not.

Er läßt die Sonn aufgehen.
Er stellt des Mondes Lauf.
Er läßt die Winde wehen.
Er tut die Wolken auf.
Er schenkt uns soviel Freude.
Er macht uns frisch und rot.
Er gibt den Kühen Weide
und seinen Kindern Brot.

Alle gute Gabe
kommt her von Gott, dem Herrn,
drum dankt ihm, dankt,
drum dankt ihm, dankt,
und hofft auf ihn.

Matthias Claudius

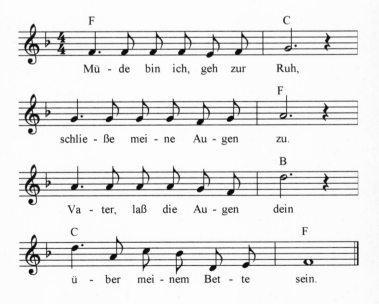

F   C

Mü - de   bin   ich,   geh   zur   Ruh,

F

schlie - ße   mei - ne   Au - gen   zu.

B

Va - ter,   laß   die   Au - gen   dein

C   F

ü - ber   mei - nem   Bet - te   sein.

Alle Lichter gehen aus,
dunkel ist das ganze Haus.
Ich sehe Schatten an der Wand,
dunkel ist das ganze Land.
Meine Eltern sind nicht fern,
sie sind bei mir, ich hab sie gern.
Ich höre sie vor meiner Tür,
Gott, ich danke dir dafür.

Regine Schindler

Abends, wenn ich schlafen geh,
vierzehn Englein bei mir stehn,
zwei zu meiner Rechten,
zwei zu meiner Linken,
zwei zu meinen Häupten,
zwei zu meinen Füßen,
zweie, die mich decken,
zweie, die mich wecken,
zweie, die mich weisen,
ins himmlische Paradeise.

traditionell

Zur Nacht,
zur Ruh,
deckst du
mich zu.

traditionell

Herr, bleibe bei uns,
denn es will Abend werden,
und der Tag hat sich geneigt.

Lukas 24,29

Heute war ein schöner Tag.
Danke, Gott. Gute Nacht!

Gott,
sei bei uns in dieser Nacht.
Sei bei allen,
die in Frieden schlafen können,
bei den Fröhlichen und Zufriedenen.
Sei auch bei allen,
die nicht schlafen können,
sei bei allen,
die Sorgen haben,
die Schmerzen leiden,
die für andere wachen.
Sei bei allen,
die in dieser Nacht sterben werden.
Gott, sei auch bei uns in dieser Nacht.

Heute war es nicht schön;
ich habe geweint.
Du weißt, warum!
Hilf mir, wieder froh zu werden.

Wir freuen uns, Gott

Großer Gott,
du hast alles gemacht:
die Sonne, den Mond,
den Tag und die Nacht,
den Himmel, die Erde,
das Wasser, den Schnee,
die Tiere am Lande,
die Fische im See,
ein Kleid für die Erde:
grün, gelb, blau und rot,
die Blumen, die Wälder,
wir freuen uns, Gott!

Bernd Arlt

Gott, mein Freund, ich komm zu dir,
du auch zu mir, und du hast die ganze Welt erfunden.
Das finde ich toll.
Du hast auch die Bäume erfunden und noch vieles mehr.

Thomas, 7 Jahre

34

Himmel

Der Himmel ist doch überall, oder?
Wie sollen sonst die Toten in der Erde
bei dir sein, Gott?
Dein Himmel ist um die Erde
wie ein Mantel, der mich beschützt.
Danke für den Himmel.

Grün

Was ist deine Lieblingsfarbe, Gott?
Vielleicht grün?
Danke für die
Wiesen und die Blumen
und die Blätter und den Wald.

Du bist gut, Gott

Gott,
ich möchte fliegen
und dich sehen.
Du bist gut, Gott.
Die Erde, die du gemacht hast,
ist schön.
Am liebsten habe ich meine Katze.

Ich ziehe mich zurück

Manchmal macht es mir Spaß, zu lärmen und zu toben.
Aber manchmal ziehe ich mich zurück, wo es ruhig ist.
Da sitze oder liege ich still
und bin ganz bei mir und bei dir, Gott.

Hermine König

Wir sind traurig

Gott,
wir sind traurig über den Tod von ...
Er/Sie wird uns fehlen, aber bei dir
ist er/sie geborgen.
Danke für die Zeit, die wir mit ihm/ihr
zusammen gehabt haben.
Danke für alles Gute,
das du ihm/ihr in seinem/ihrem
Leben geschenkt hast.
Wir bitten dich:
Tröste die Traurigen.
Sei ihnen nahe in ihrem Leid.
Hilf uns glauben, daß Jesus Christus
den Tod besiegt hat
und uns zum ewigen Leben führen wird.

... *hat sich das Leben genommen*

Lieber Gott,
einer meiner Klassenkameraden
hat sich das Leben genommen.
Er wollte nicht mehr leben.
Ich muß immer an ihn denken.
Nimm ihn zu dir in dein Reich!
Gleichzeitig bitte ich dich:
Tröste mich, ich bin so traurig!
Bleibe alle Tage bei mir,
lieber Gott!

... *ist gestorben*

... ist gestorben,
wird morgen beerdigt.
Was soll ich sagen am Grab, Gott?
Bist du auch im Grab, Gott?
... soll bei dir sein.
Gott befohlen!

Lieber Gott,
kommen Tiere auch in den Himmel?
Wenn ja, ist alles gut.
Wenn nicht,
mach bitte eine Ausnahme mit Floki!

So einen Hund gibt's kein zweites Mal,
hat der Papi heute gesagt,

als er den toten Floki
von der Kreuzung heimgetragen hat.
Und die Mami hat geweint.
Sie hat mir schon oft erzählt, wie der
Floki auf mich aufgepaßt hat,
als ich noch ganz klein war.
Einmal hat er mir sogar
das Leben gerettet.
Er hat aufs Wort gefolgt.
Er hat Platt und Hochdeutsch verstanden.
Er hat denken können wie ein Mensch.
War ich traurig,
war er auch traurig.
Hab' ich mich gefreut,
ist er an mir hochgesprungen.
Jetzt werd' ich sehr allein sein.
Bitte, lieber Gott,
gib ihm einen Platz in deiner Nähe!
Wenn er bellen oder jaulen sollte,
brauchst du nur: Still! zu ihm zu sagen.
Dann ist er mucksmäuschenstill
und wedelt nur noch mit dem Schwanz.
Er wird dir nicht zur Last fallen,
das versprech ich dir.
Nicht wahr, du nimmst ihn?

Gudrun Pausewang

Krieg und Angst

Gott,
wir haben Angst
vor dem Krieg,
der den Tod bringt
Kindern und Erwachsenen.

Gott,
wir haben Angst
vor dem Krieg,
in dem Väter und Mütter sterben
und Kinder allein bleiben.

Gott,
wir haben Angst
vor dem Krieg,
in dem deine gute Schöpfung,
unsere Mutter Erde zerstört wird.

Gott,
wir rufen zu dir:
Zeige deine Macht,
gib den Politikern Gedanken des
Friedens,
tröste die weinenden Kinder,
schenke uns Frieden.

Du bist doch unser Gott,
du hast Jesus Christus gesandt,
so laß uns in deinem Geist leben
und nach deinem Willen handeln.

Es gibt so vieles, wovor ich Angst habe.
Ich habe Angst,
wenn ich abends allein bin,
wenn es dunkel ist,
wenn die anderen Kinder mich nicht mögen
und mir weh tun.
KYRIE*

Ich habe Angst,
wenn ich schlechte Noten bekomme,
wenn ich etwas falsch gemacht habe
und wenn meine Eltern und die Lehrer
böse auf mich sind.
KYRIE

Ich habe Angst,
wenn jemand in meiner Familie krank ist,
wenn ich ans das Altwerden denke
und wenn ich von Krieg und
Unglück höre.
KYRIE

von Kindern formuliert

---

* ›Kyrie‹ ist griechisch und bedeutet in der Sprache der ersten Christen:
»o Herr!«

Gegen die Angst

Hast du Angst?
Wenn du kannst,
geh zu deinen Eltern,
mach dir Mut,
dann ist alles wieder gut!

Daniela, 9 Jahre

Hast du Angst?
Wenn du kannst,
hol' die Conny.
Mach' dir Mut,
dann ist alles wieder gut!

Julia, 9 Jahre

Hast du Angst?
Wenn du kannst,
sing' ein Lied!
Mach' dir Mut,
dann ist alles wieder gut!

Janine, 9 Jahre

Manchmal ist mein Herz schwer

Sammle meine Tränen in deinem Krug, Gott.
  Gott,
  manchmal ist mein Herz schwer.
  Ich bin traurig und muß weinen.
Sammle meine Tränen in deinem Krug, Gott.
  Gott,
  manchmal ist mein Herz schwer.
  Ich habe Angst vor der Dunkelheit
  und weil ich allein bin.
Sammle meine Tränen in deinem Krug, Gott.
  Gott,
  manchmal ist mein Herz schwer.
  Ich habe mich gestritten mit meinen
  Geschwistern,
  und wir haben uns geschlagen.
Sammle meine Tränen in deinem Krug, Gott.
  Gott,
  manchmal ist mein Herz schwer,
  wenn ich krank bin und denke,
  alle habe mich vergessen.
Sammle meine Tränen in deinem Krug, Gott.
  Gott,
  sammle meine Tränen in deinem Krug, Gott,
  und laß sie aufgehoben sein bei dir.

Gott, Vater und Mutter haben sich getrennt.
Ich kann nur weinen.
Ich bin so allein. Ich bin traurig und wütend.
Gib, daß beide mich noch liebhaben
und für mich da sind.

Gerda und Rüdiger Maschwitz

Vergib, Gott!

Wir haben mit dem Auto einen Igel überfahren.
Gott, vergib uns!

Guter Gott, gib,
daß ich besser hinsehe
und keine Schnecke zertrete.
Gib, daß alle Menschen lernen,
mit Tieren und Blumen,
mit Bäumen und Pflanzen
behutsam umzugehen.
Die Welt gehört dir, lieber Gott,
vieles ist so schön darin,
und es soll am Leben bleiben.

Wolfgang Longardt

Versöhnen

Meine Schwester ärgert mich den ganzen Tag.
Ich kann nicht mehr mit ihr lachen.
Hilf mir, daß ich ihr gewachsen bin.
Hilf uns, daß wir uns versöhnen können.

Was mich bedrückt

Mich bedrückt,
daß mein Papa nie Zeit für mich hat,
und meine Mama schimpft immer

Lara, 8

Mich bedrückt,
daß meine Eltern
einem so oft was verbieten.

Hanna, 9

Gott, ich möchte dir sagen:
Bitte kümmere dich
um einen Job für meinen Vater.
Es bedrückt mich,
daß er arbeitslos ist.

Sven, 9

Nach den Ferien

Heute haben wieder alle
von ihrer Reise erzählt
Ich hätte mich am liebsten
verkrochen, Gott.
Wir können nicht verreisen,
meine Eltern sind arbeitslos.
Könnte nicht ein Wunder geschehen?

Schulweg

Lieber Gott,
ich will nicht allein in die
Schule gehen.
Ich habe Angst vor der
großen Straße
und den großen Jungen.
Geh mit mir und
beschütze mich.

Krank

Gott, ich bin schon wieder krank.
Die anderen laufen draußen herum,
lachen und spielen.
Ich möchte auch mitmachen.
Hilf mir, daß ich wieder gesund werde.

Gerda und Rüdiger Maschwitz

Anderswo

Kinder in Not

Guter Gott und Vater,
viele Kinder leiden Not in dieser Welt.
Wir rufen zu dir:
Herr, erbarme dich!

Wir bitten dich für die Kinder,
die krank sind
und Schmerzen leiden.
Wir rufen zu dir:
Herr, erbarme dich!

Wir bitten dich für die Kinder,
die unter Krieg in ...
und Hunger in ... leiden.
Wir rufen zu dir:
Herr, erbarme dich!

Wir bitten dich für die Kinder,
die kein Zuhause haben
oder auf der Flucht sind.
Wir rufen zu dir:
Herr, erbarme dich!

Wir bitten dich für die Kinder,
die durch eine Unfall oder durch
Katastrophen Leid erfahren
oder ganz verzweifelt sind.
Wir rufen zu dir:
Herr, erbarme dich!

Für die Kinder in der Welt

Gott, du bist da für die Kinder.
Du hast uns an Weihnachten
das Kind Jesus geschenkt.
Jesus ist dein Sohn.

Wir bitten dich für die Kinder in Afrika:
Laß den Mais wachsen, daß sie satt werden
und nicht sterben.

Wir bitten dich für die Kinder in Südamerika:
Laß nicht zu, daß sie und ihre Eltern
von ihrem Land vertrieben werden.

Wir bitten dich für die Kinder in Thailand:
Beschütze sie vor denen,
die sie verkaufen wollen.

Wir bitten dich für die Kinder, die zu Soldaten
ausgebildet werden.
Laß sie Menschen finden,
die sie in ihre Familien zurückholen.

Gott, du bist doch da für die Kinder.
Laß nicht zu, daß Menschen
Kindern Unrecht tun.
Hilf den Kindern, daß sie erwachsen werden
können und glücklich sind.
Das bitten wir – in Jesu Namen.

Kinder in Indien

Jesus Christus, wir danken dir
für die Kinder in Indien,
für ihr Lachen und ihre Freundschaft.

Wir danken dir für unsere Kirche
und die Gottesdienste.
Wir sehen Menschen,
die unsere Hilfe brauchen.

Jesus Christus, wir bitten dich
für die Teppichkinder in Indien:
Befreie sie und ihre Familien aus der
Armut und Abhängigkeit.
Laß unser Geld zum Segen für sie
werden.

Wir bitten dich für den Kontinent Indien:
um Frieden zwischen den Religionen,
um Gerechtigkeit für die Armen,
um Reis für die Hungernden.
Gib den Verantwortlichen Mut
für unbequeme Entscheidungen.

Wir bitten dich für die armen Menschen
in unserem Land:
Schenke ihnen Mut, für ihr Recht zu kämpfen,
und Menschen, die auf ihrer Seite sind.

Schenke Regen

Gott, du bist der Hirte der Völker.
Zeige dich deinen Menschen in Afrika.

Schenke Regen für das trockene Land,
daß der Mais wachsen und reif werden kann.

Bekehre die Herzen der Regierenden,
daß sie für die Freiheit ihrer Völker eintreten.

Sende deinen Geist der Hoffnung in die Menschen,
daß sie selbst für Gerechtigkeit kämpfen.

Zünde dein Licht der Liebe an
in Kindern und Erwachsenen,
daß sie sich gegenseitig achten
und im Leiden trösten.

Gott, du bist allmächtig und barmherzig,
laß uns alle in der Liebe bleiben
und in dir verbunden sein.

Gottes Segen

Gott ist immer da

Gott,
du hast viele schöne Namen:
Vater und Mutter bist du
und sagst: Ich bin für dich da.
Gott, du kennst mich mit Namen
und sagst: Fürchte dich nicht,
ich habe dich bei deinem Namen gerufen,
du gehörst zu mir.
Ich danke dir, Gott.

Lieber Gott, ich danke dir,
daß du immer bist bei mir.
Du gibst immer auf mich acht
und bist bei mir Tag und Nacht.
Dir erzähl ich meine Sorgen,
du vertreibst sie dann bis morgen.
Du hast mich lieb und bist bei mir.
Lieber Gott, ich danke dir.

Anja Steinbach

Jesus Christus,
du gehst mit uns.
Du gibst dich uns zu erkennen.
Du begegnest uns in den Geschichten
der Bibel
und in anderen Menschen.
Hab' Dank, daß du bei uns bist.

Taufe

Lieber himmlischer Vater,
wir danken dir:
du hast uns angenommen –
du schenkst uns deine Freundschaft.
Auch diese Kinder,
die wir eben getauft haben,
gehören jetzt zu dir!
Wir bitten dich:
Hilf uns, daß wir alle,
die Eltern und die Kinder,
die Großen und die Kleinen
so miteinander umgehen,
daß sichtbar und erfahrbar wird:
Wir leben aus der Geborgenheit und Liebe,
die du uns schenkst.

Burkhard Heim

Lieber Gott,
wir danken dir, daß wir getauft sind.
Wir danken dir,
daß wir zu dir gehören dürfen.
Als wir getauft wurden,
waren wir zwar alle noch recht klein,
so daß wir nichts davon
verstehen konnten.
Aber unsere Eltern und Paten
haben uns dabei geholfen,
daß wir dich kennen.
Darüber sind wir froh.
Wir sind froh, weil wir zu dir gehören.

Rolf Krenzer

Lieber himmlischer Vater,
du hast uns in der Taufe
beim Namen gerufen
und als deine Kinder angenommen.
Wir danken dir,
daß wir Kinder
in deiner großen Familie sind.
Es tut mir gut, mit Menschen
zusammen zu sein,
die zu dir gehören,
die sich verstehen
und einander liebhaben.

Margot Becker

Gott, Vater und Mutter

Gott, du bist unser Vater,
der uns behütet.
Gott, du bist unsere Mutter,
die uns tröstet.
Dir vertrauen wir uns an.
Gott, wir danken dir,
daß wir in dir geborgen sind.

Wo ich gehe, wo ich stehe,
ist der liebe Gott bei mir.
Wenn ich ihn auch niemals sehe,
weiß ich sicher: Gott ist hier.

Wir beten zu dir,
Gott – unser Vater,
und bitten:
Sprich zu uns mit deinen guten Worten.

Wir beten zu dir,
Jesus – Gottes Sohn,
und bitten:
Schenke uns deine Liebe ins Herz.

Wir beten zu dir,
Heiliger Geist,
und bitten:
Tröste uns, wenn wir Angst haben.

Gott, du bist unser Vater im Himmel.
Wir sind deine Kinder.
Wir loben dich für die Sonne und den Wind,
die Erde und die Menschen.
Gott, wir sind Kinder deiner Erde.
Höre, wenn wir dich bitten:

Für die Kinder, die krank sind
und die sterben müssen:
GOTT, HILF IHNEN!

Für die Kinder auf der Welt,
die Hunger haben
und nicht in die Schule gehen können:
GOTT, HILF IHNEN!

Für die Erwachsenen, die mit Kindern
leben und lernen:
GOTT, HILF IHNEN!

Gott, wir sind deine Kinder.
Wir loben dich.

Engel

Gott, sende deine Engel,
   daß sie alle dunklen Mächte vertreiben.

Gott, sende deine Engel,
   daß sie uns beschützen auf unseren Wegen.

Gott, sende deine Engel,
   daß sie unsere traurigen Herzen heilen.

Gott, sende deine Engel,
   daß sie deinen Frieden in alle Länder bringen.

Gott, sende deine Engel,
   daß sie den Politikern Wege weisen zur
   Gerechtigkeit.

Gott, sende deine Engel,
   daß sie uns hineinnehmen in ihren Lobgesang.

Gott, sende deine Engel,
   daß sie deine Worte verkündigen,
   und laß uns deine Botinnen und Boten sein.

Wenn ich nicht mehr weiterweiß

Manchmal bin ich müde und traurig,
dann geht es mir wie Elija.
Du hast Elija einen Engel geschickt,
er hat ihm Brot und Wasser gebracht.

Ich bitte Dich:
Schicke auch mir Deinen Engel,
damit er mir Kraft gibt
und mich auf meinem Weg begleitet.

zu 1. Könige 19

Adelheid Utters-Adam

1
Mei-ne See - le ist stil - le zu Gott, der mir hilft

2
mei-ne See - le ist stil - le zu Gott , der mir hilft

3
mei-ne See - le ist stil - le zu Gott.

mündlich überliefert aus der DDR

Das kranke Mädchen

Jesus Christus, wir bitten dich
für die Kinder, die krank sind,
und die, die fremd sind:
schenke ihnen Gesundheit
und Menschen, die für sie da sind.

Jesus Christus, erbarme dich!

Jesus Christus, wir bitten dich
für die Kinder im Libanon,
dem Land der kanaäischen Frau,
und für die Kinder in Israel,
wo du geboren bist,
beschütze sie vor dem Krieg,
vor Angst und Tod,
und hilf den Erwachsenen
zum Frieden.

Jesus Christus, erbarme dich!

Jesus Christus, wir bitten dich
für die Menschen,
die wir liebhaben,
und auch für die,
die wir nicht gut leiden können
und sagen dir (in der Stille) ihre Namen:

(Stille)

Bleib bei uns, Jesus, höre unsere Gebete.

zu Matthäus 15,21-28

Wasser des Lebens

Jesus Christus,
du gibst Wasser des Lebens.
Wir danken dir für das Wasser,
die Quellen, die Flüsse, das Meer.

Wir danken dir für Menschen,
die uns erfrischen wie Wasser,
wenn sie lachen,
wenn sie singen.

Wir bitten dich für die Kinder,
die traurig sind, daß sie wieder
lachen können.

Wir bitten dich für die Kinder,
die Durst haben.
Laß es regnen,
daß wieder erfrischendes Wasser
sprudelt.

Jesus Christus,
du gibst Wasser des Lebens.
Wir danken dir.

zu Johannes 4

Jesus sagt: Ich bin ...

Jesus, du hast gesagt:
Ich bin der Weg.
Wir wollen dir folgen.

Jesus, du hast gesagt:
Ich bin die Wahrheit.
Wir wollen dir vertrauen.

Jesus, du hast gesagt:
Ich bin das Leben.
Wir wollen dir glauben.

Jesus, du hast gesagt:
Ich bin das Brot des Lebens.
Wir wollen miteinander teilen.

Jesus, du hast gesagt:
Ich bin der Hirte.
Wir wollen zu dir gehören.

Jesus, du hast gesagt:
Ich bin das Licht.
Wir wollen dein Licht weitertragen.

Jesus, du hast gesagt:
Ich bin der Weinstock.
Wir wollen deine Freunde sein.

Das Gebet Jesu

Jesus hat uns ein Gebet geschenkt, das uns mit allen Christen auf der Welt verbindet, das Vaterunser.

Auch Kinder beten das Vaterunser gern, weil sie ahnen, daß es das ganze Leben umspannt: Himmel – Erde – Gottes Reich – Brot – Vergebung – Erlösung vom Bösen – Ewigkeit.

Wir können das mit folgenden Gebärden ausdrücken, also das Vaterunser mit dem Körper beten:

Vater unser im Himmel!	*beide Arme ellbogenhoch erheben, Hände nach oben öffnen.*
Geheiligt werde dein Name.	*Arme und Hände langsam nach oben führen.*
Dein Reich komme.	*Die Hände gehen weiter auseinander (Im Kreis, wie eine Krone)*
Dein Wille geschehe, wie im Himmel, so auf Erden.	*Der rechte Arm zeigt nach oben, der linke zeigt nach unten.*
Unser tägliches Brot gib uns heute.	*Die Hände werden vor dem Körper wie eine Schale gehalten.*
Und vergib uns unsere Schuld,	*Die linke Hand geht nach links, die rechte ebenfalls und deckt die linke zu.*
wie auch wir vergeben unseren Schuldigern.	*Die rechte Hand legt sich auf die ausgestreckte Hand des rechten Nachbarn.*

Und führe uns nicht
in Versuchung,

sondern erlöse uns von
dem Bösen.

Denn dein ist das Reich
und die Kraft und die
Herrlichkeit in Ewigkeit.

*Die Arme werden nach vor-
ne ausgestreckt und waage-
recht überkreuzt.*
*Die überkreuzten Arme
werden nach oben geführt
und plötzlich gelöst.*
*Die Arme werden nach
oben gestreckt.*
*Jede/r faßt ihren/seine
Nachbarn an den erhobe-
nen Händen, die sich lang-
sam senken.*

Amen.

*Eine langsame, tiefe Verbeu-
gung zur Kreismitte, zum
Altar und voreinander (und
füreinander) bildet den Ab-
schluß*

Sr. Imelda Huf

Quellenverzeichnis

S. 16 (oben), 46: aus: »Mit Kindern Gottesdienst feiern«, 4. völlig neu überarbeitete Auflage, hg. von Dr. Johannes Blohm, Landespfarrer im Auftrag des Landesverbandes für Evang. Kindergottesdienstarbeit in Bayern, Nürnberg 1996.

S. 16 (unten): aus: »Liturgie im Kindergottesdienst«, Materialheft 45 der Beratungsstelle für Gestaltung von Gottesdiensten, Frankfurt/M.

S. 18 (unten), 34 (oben), 36 (unten), 40, 50, 52 (unten): aus: »Gottesdienste mit Kindern«, herausgegeben vom Landeskirchenamt der Evangelischen Kirche von Kurhessen-Waldeck.

S. 21 (unten), 23 (unten), 26 (oben), 36 (oben): aus: Hermine König, »Das große Jahresbuch für Kinder«, Kösel Verlag, München, 2. Auflage 1996.

S. 22: abgedruckt mit freundlicher Genehmigung der Autorin.

S. 24: aus: Albert Bichler (Hg.), »Kindergebete«, Franz Schneider Verlag, München 1995.

S. 25: aus: Erich Jooß (Hg.), »Das große Buch der Kindergebete«, Verlag Herder, Freiburg 1989.

S. 26 (unten): aus: Dietrich Steinwede, »So weit der Himmel ist«, Kindergebete für Tag und Jahr, Patmos Verlag, Düsseldorf 2/1994, S. 58.

S. 27, 30 (oben), 32 (oben), 34 (unten): aus: Regine Schindler, »Was Kinder von Gott erwarten«, © Verlag Ernst Kaufmann, Lahr.

S. 37 (oben): aus: Reinhard Abeln, »Deine Welt ist einfach toll«, Verlag Neue Stadt, München.

S. 38: abgedruckt mit freundlicher Genehmigung der Autorin.

S. 42, 54: aus: »Heute will ich zu dir kommen. Gottesdienste, die Kinder trösten und ermutigen«, Verlag Junge Gemeinde, Leinfelden-Echterdingen.

S. 43 (oben), 45 (unten): aus: Gerda und Rüdiger Maschwitz, (Hgg.), »Mit Kindern Gott begegnen«, © Verlag Ernst Kaufmann, Lahr.

S. 43 (unten): abgedruckt mit freundlicher Genehmigung des Autors.

S. 51 (unten): aus: Burkhard Heim, »Beten im Kindergottesdienst. Neue Folge«, Sonnenweg Verlag/Aussaat Verlag, Neukirchen-Vluyn 1985.

S. 52 (oben): mit freundlicher Genehmigung des Autors.

S. 56 (oben): aus: Adelheid Utters-Adam, »Kinder fragen: Wo wohnt der liebe Gott?«, Mosaik Verlag GmbH, München.

S. 60, 61.: aus: Arbeitsheft Religionspädagogische Praxis, Jahrgang 1982, Nr. II, S. 63f., »Vater unser«, RPA Verlag, 84030 Landshut.

Beten lernt, wer es tut